JN440025

빈집 세우기

빈집 채우기

이애란 시집

그루 시선 102

그루

시인의 말

내가 소통한 것들과 함께
한바탕 잘 놀았습니다
등단 십 년,
그동안 써 놓은 시 가운데 몇 편 묶어
빈집 세우기하였습니다

이 세상
모든 생명과 물상들이 시와 더불어
한껏 흐르기를 바랍니다

2019년 팔공산 알움家에서
이애란

차례

1

달을 뽑다

달은 지구 입구를 막고 있는 코르크 병마개처럼 하늘에 떠 있다
태양이 우리 등뒤에서 그림자를 만들고 있을 때
낮달은 산소 호흡기가 필요한 폐소공포증 환자였다

물 위로 날아오르는 물고기처럼 바이러스 천국에서 떠나고 싶을 때가 있다
가끔 저 하늘을 보며 생각한다
'저 달을 뽑으면 숨을 제대로 쉴 수 있을 것 같다'

가끔 망상이 떠서 폐부가 뻥 뚫리기도 한다

말, 달린다

퇴근길 버스를 탄다
감사합니다 환승입니다
사람들 휴대폰 손에 들고 귀 쫑긋 입 쫑긋쫑긋한다
사람들 손가락으로 주고받는 말, 귀 없이 입 없이 잘도 달린다
말들 공중 찌릿찌릿 날아다닌다
유행가 가사 덜컹, 정류소 알림 방송에 살짝 잘려 나간다
때론 지우고 싶은 말도 있을 것이다
말은 말갈기 휘날리며 바람 속을 달리고 싶다
가슴속 진정 묻어 둔 말 초원의 빛 속을 맘껏 달리고 싶다
버스 안 헛발질하는 말들 굴러다닌다
말 달리다 아차, 하는 순간 침이 낙마한다
말고삐를 잘 잡아야 말이 바로 간다
효과 좋은 피로회복제 졸음이 고개 끄덕이며 잡종 말 궁둥이 도닥거린다
하차입니다
말이 내릴 곳을 찾아 두리번거린다

봄바람

햇살이 따스하다 저당잡힌 바람이 봄을 고쳐 입고 나온다 스카프가 제비꽃 향기를 가볍게 날린다 보랏빛 신비가 눈썹에 매달려 민들레 꽃길 맴돌다 복사꽃 볼 비비며 배추흰나비 알을 낳는다 번데기 주름 껍질 벗고 나비의 재롱을 가슴으로 품으면 나도 봄으로 날아갈 수 있을까

줄탁동시 啐啄同時

작년에 왔던 봄이 올해도 오고 있다
봄 오고 있으나 같은 봄 아님을 나는 안다
입과 입이 몸과 몸이 서로 맞물려
춘분이 낮과 밤의 길이 맞추고 있다

땅 밀어 올린 봄, 하늘 당겨 올린다
지난가을 밭에 심어 둔 마늘 푸르다
냉이가 길어 올린 어린 봄 검붉다
어둠이 빛을 향해 밀어 올린 세상
대기가 당겨 올려 벚꽃 환하다

병아리 알 깨고
어미닭 쪼고 있는 봄 부화한다
기다릴 만큼 기다리다
아플 만큼 아파서 탄생한
첫 만남 순간이 뜨겁다

김이 나는 너의 이마를 내 가슴에 안고
씨앗 뿌리는 농부처럼 허리 굽히고
하얀 민들레처럼 부푼 웃음으로
봄의 현을 당긴다
뜨거운 몸짓들 깨어난다

단산지에 비 내리면

단산지에 비 내리면
세상을 부유하던 언어들
연못으로 몰려와
뚝심 좋은 개구리 소리로
수면 위 동그란 웃음소리로
하나 되어
보이는 꿈이 보이지 않는 꿈으로 흐르는

단산지에 비 내리면
꽃향유 비수리 은분취 벌개미취 위로
포롱 포롱
나비는 꽃샘을 유랑하다
너울 치마 사이 길에 눈물 머금다
날개깃 바람을 접은 채
나비박물관에 유리되어
꿈속을 팔랑이는

단산지에 비 내리면
물속 깊이엔 헉헉거리는 고요
허벅지 위로 물 차오르는
수도자 같은 버드나무의 뿌리 깊은 신심
수초는 살풀이 춤사위에 시름을 푸는
청정한 속내는 우리 영혼의 소망인가

나, 동그란 자연의 언어와 소통하려고
단산지에 잉어 알을 낳아
부화의 순간을 익히는
말 없는 그 강바닥을 읽고 있다

어둠을 열고 나온 나팔꽃

밤의 등줄기 감아올리는 나팔꽃
허공의 그림자 분별할 수 없어
꽃봉오리 탯줄 감은 아기처럼
공중 맴을 돈다

정情이 탈진하여 허방을 짚고
무릎 사이 고개 꺾인 꽃대
골방 모서리 그리움 박제되어 걸리듯
어두움의 맥박 산 채로 못 박혀
달 수레 옮기며
나팔꽃 연한 줄기로 밤을 걷는다

별 강 따라 홀로 건너는 세상
외로움 뜨거워 별 가마 녹이며
꽃 얼굴에 맺힌 눈물 자국은
물속에 어린 내 얼굴처럼
잡힐 듯 잡히지 않는
아침으로 가는 열망이다

어둠 밤 열고 나온 꽃의 내력
자궁을 빠져나온 산고처럼
겪지 않고는 모를 내 연서와 같다

아침을 깨우는
나팔꽃과 나 사이에
말없이 통하는 전율
언어가 될 수 없었던
실잠자리 날개 같은 감각이
눈썹 끝에 이슬 받치고
파르르
떨고 있다

목련꽃

목련꽃 피었다
생후 삼일 된
어미 젖몽오리
초유로 부푼 젖샘이다

햇살 목련 젖꼭지 빨다
유선 이어진 봄꽃들
입맛 다시며
쪽, 쪽, 쪽 피어난다

담쟁이 길 열다

담쟁이는 매일 광야를 간다 원뿌리에서 더 멀리 더 넓게 돌아올 수 없는 길을 간다 콘크리트 축대 암벽 타기 하듯 다섯 손가락 힘껏 당겨 오르고 오른다 하늘 향해 한 뼘이라도 더 오를 수 있기를 간구한다 나무 덩굴에 올려 주세요 목이 말라요 바닥에 납작 엎드려 뱀처럼 기어서 간다 의식은 광야에서 새롭게 진행된다 거칠고 메마른 땅을 건너 하늘에 가 닿기를 조나단*은 꿈꾼다!

담쟁이는 매일 광야를 간다 자신이 온 곳을 모르듯 갈 곳도 모른다 조금이라도 더 멀리 더 넓게 세상 나아가고자 하는 꿈 콘크리트 담장 손가락 꾹꾹 눌러 찍은 갈색 발자국 느낌표는 어디에 찍어야 할까 부지런한 땅의 누리꾼 개미야 내 손 잡아 주렴 하늘의 파수꾼 참새야 희망을 들려 주렴 탯줄 떨어진 담쟁이 스스로 뿌리내리며 쉬지 않고 나아간다 여린 춤사위 하늘거릴 때 마침내 하늘 가슴에 너의 손이 닿았구나!

*조나단 리빙스턴 : 리처드 버크 지은 소설 『갈매기의 꿈』 주인공 갈매기

오늘 하루의 의자

오늘만이 나에게 주어진 분명한 하루다
일기예보가 매일 다르듯
어제 내 곁을 지켜 주던 사람 보이지 않는
오늘 같은 내일이 아님을 예감한다

내 자리 없어질까 두려워 하루하루
메뚜기처럼 폴짝폴짝 뛰어다니다 이내 주저앉는다
이렇게 하루를 치른 대가가 무척이나 고단하니
하루란 의자의 품삯은 쉼이라 여긴다

나의 지경이 하루란 의자 위
햇빛 구름 바람 낙엽 눈
모두 떠나고 나면
비디오는 이미 추억 속의 어제다

주어진 생의 분량은 출판된 책처럼
하루를 남에게 줄 수도 받을 수도 없어서
아쉬움을 에필로그로 남긴다

만일 오늘이 세상 마지막 날이라면
나는 오늘 하루의 의자에 앉아
1그램의 가벼운 몸짓으로
창공을 가르는 나비이고 싶다
영원한 노스탈지아를 노래하는
행복한 순례자 카나리아이고 싶다

붉은 황토밭의 고구마

붉은 황토밭 고구마는 몹시도 달다 고구마는 빼떼기*가 될 것이고 빼떼기는 다시 죽이 되어 올망졸망한 어린 새끼들 곯은 배를 채워 줄 것이다 모진 해풍에 바짝 마른 빼떼기 모양 엄마는 풍신風神을 온몸으로 꼿꼿이 받아 내며 자식들을 지켰다 고구마 줄기는 엄마의 탯줄처럼 기억을 감아 돌고 그 황토밭 언저리 찔레꽃 아린 가시가 기억의 밑자리를 찌른다

*빼떼기 : 생고구마를 납작하게 썰어 말린 것

빈집 세우기

산 너머 처녀는 꽃가마 타고 그 집으로 왔다 햇수로 60갑자다 돌담에 드러누워 새끼를 주렁주렁 단 엉덩이 펑퍼짐한 호박이다 사별하고도 수년을 혼자서 추녀 끝 빗방울 세고 있는 축담이다 할머니와 집은 개미에게 숭숭 뚫리고 있는 기둥 구멍, 왕래가 편한 바람 집이다 그 집으로 검은 손님, 뇌졸증이 방문하던 날 중풍도 함께 왔다 할머니 119 구급차로 집을 나간 그 날 이후……

열쇠 돌리는 소리에 집이 오랜만에 숨을 쉰다 마당에 잡초가 삼대로 번성하다 할머니 증손자의 호미질 정성이 바랭이 풀뿌리보다 꿋꿋하다 축담 위 나란히 놓인 할머니 털신에 거미가 목화꽃을 헛방으로 피워도 디딜방아 체취는 속이 여문 알곡이다 집의 신경을 누르고 있는 생쥐와 곰팡내를 훑쳐낸다 장독간 고요가 매운 목소리로 헛기침한다 호미 몸에 잡초를 뽑아낼 요량으로 집이 온몸으로 푸덕 푸덕거린다

나 돌아가리라

언젠가 내가 가야 하는 곳에
어머니 있어 마음 푸근하다

눈에 넣고 마음에 간직한 것 몽땅 정리하며
길 나설 때 좀 홀가분할까
지금 이 자리 욕망의 쓰레기는 거둬 가야 한다
무척 힘든 일이겠지만

어머니 새벽기도는 선하게 살다 가는 것
영면 전 세간 나누어 주며 길 떠날 채비를 한다
갈 때를 안 것인가
아니면 당신도 모르고 한 행동인가
맞아떨어지는 걸 보면
명촉明燭은 분명 마지막 때를 안 것이다

내게도 예정된 그 날이 오면
어머니, 어머니의 어머니, 하늘의 어머니 품으로 돌아가
리라

평소 가까이 있어도 눈길 한 번 주지 못했던
앉은뱅이꽃에게
내 곁에 너 있어 참 좋았다는 말 꼭 전하고

구름 잔등에 올라앉아 손 흔들며
아직 못다 한
고맙고 감사한 마음
여기에서 하늘까지
훨, 훨, 훨 풀어 날리며
나 어머니 품으로 돌아가리라

이끼는

이끼는 묵은 정이다
어항 속에 이끼가 살고
강물은 흘러가도 이끼는 남는다
나무는 살았거나 죽었거나 이끼가 들고
바위 위 말라붙어 죽은 듯 보이는 이끼도
비 내리면 생기 돌아 옛이야기 한다

이끼는 사람이 살면서 자기도 모르게
세상에 얽히고설킨 미운 정 고운 정

앉은자리 더듬어 보면 까칠하고
자세히 보면 가슴 울린다

지금 이 순간에도
너와 나 사이에 뿌리내린다

이끼는
너의 눈과 입이 되어 주고 싶고
너의 생각과 마음이 되어 주고 싶은
노트르담 대성당 종각에 새긴
못다 한 고백의 여운이다

이끼는
연둣빛 순수로 기억되는 첫사랑의 순애보다
아름다운 변명을 오래 머금은 긴 강물의 순한 호흡이다

사라진 신화

오래전부터 내면 한켠에 신화가 묵혀 있다
문득 바다를 유영하다 해파리처럼 떠오른다
거기에 신이 된 어머니가 있고 아버지가 있다
영의 바람이 불면 물 바닥에서부터 구름기둥이 일렁인다
심연의 근육들이 삐걱대다 중심 잡으며
좀 더 확실하게 내려가고 싶다
백골은 눈동자 없이 심안으로 들어간다
보이지 않는 꿈이 섬망,
넓은 지도처럼 잘 보이지 않다가
몰입하면 불쑥 나타나기도 한다
생각의 조각들이 조립되고 흩어진다
어느 편린인가 사라진 신화가 부활하면
추락하며 노엽고 노엽다 서럽고 서럽다 편안하다
절기는 거듭나고 내가 어쩌지 않아도
농익은 석류처럼 때가 되면 저절로 터져 나온다
예언자는 예언을 한다.
장차 다시 오실 신의 이름은 사랑이라고

유품 정리

지적장애 2급인 김 씨
한 아주머니와 함께 고물 수거한다

독거노인
손때 묻은 세간살이
임자 없는 티를 낸다
냄새 싸늘하다

인이 박힌 물건
장롱 양은냄비 수저 옷가지들 못내 가슴앓이하고
아주머니 숨비소리 긴 호흡 매듭 장단이다

김 씨 사람과 물건 간의 애정을 아는지 모르는지
정리의 정의가 단순하다 명료하다
"이 일은 빨리 할수록 좋지"

방 먼지 분분히 구천을 방황하며
자화상을 토로한다
'어디 저 세상 가는 일이 좋기만 한가'

음은 움직인다

입원실 환자는 침상
보호자는 간이침대
아래위 두 줄로 나란히 누운
못갖춘마디 악보이다

간간히 병실의 관록이 쌓인
물상들 그 존재를 알린다
삐걱, 삐걱, 턱턱
어둠의 실루엣은 심기 불편한 리듬이다

조선족 당뇨병 환자
병원에 두 발로 걸어 들어와
한쪽 다리로 목발 짚고 퇴원한다
몸의 기능 하나둘 잃으면
밤길 깜빡거리는 가로등처럼
색다른 음을 받아들여야겠지
나그네의 골 깊은 웃음 쇠하다

불협화음들
반음 올리거나
반음 낮추거나
오선지에 음표 올려놓으면
어떻게든 제자리 찾아간다

내 몸 내 마음의 음표
일상의 분주가 악보를 벗어나려
애쓰면 쓸수록 더 삐거덕거린다
다 내려놓으면 이 자리가 좀 편해질까

아아, 창가에 핀 지
며칠 안 된
목련꽃 일군의 무리
성급한 꽃이
먼저 바람에 떨어지고 있다

2

아버지와 고등어

사리 물때
바다를 몰고 온 그물은
먹거리가 풍성한 들판이었다

사리 때 아버지 양복점 일찍 문 닫고 집으로 오셨다
자식들은 아버지의 새끼줄에 달려 올 고등어도 함께 기다렸다

불그레한 아버지 술에 물들고
보름달도 붉게 휘청대던 어느 날 밤
고등어는 길고양이에게 던져 준 것일까

아버지는 새끼줄에 딸려 온 귀선歸船이었다
빈 배는 밤새도록 만선처럼 잠꼬대를 풀어놓았다

지금도 달이 바다를 몰고 오면
귀선 한 채 하늘로 떠서
등 푸른 고등어 물때를 알아
달빛 낚시하고 있을 것만 같은
아버지가 기억의 윗자리에서 나를 당긴다

휴지에게

한평생 나무처럼 청정하게 살고 싶다

벌목 후 하얀 종이가 되어
엠보싱 무늬로
화장을 눈물을 오물을……
닦아 주고 닦아 주고
얼룩진 네 모습 뒤에 오는
세상이 아름다워
갱생한 한평생 후회는 없다

나무야! 휴지야!
뒷모습이 아름다운
너에게 새롭게 배운다

터널

산 심장부 뚫어 생긴 구멍
긴 구멍 속으로 차를 몰고 들어간다
방울뱀 커다란 아가리 속
쓰윽 쓱 쓰윽 입김이 나를 스캔한다
산 지킴이는 자기 안전을 확인하고 나서야
꽈리 풀고 출구를 열어 준다

뱀의 꼬리 길면 길수록
산의 상처 깊고 깊다

상처가 시간을 품어야 새살이 돋고
어둠이 빛을 품어야 새 세상이 열린다

번쩍이는 천 개의 종소리
북을 찢고 나온 우레 소리가
세상을 향해 소리친다

누구를 위하여 종은 울리나*

*누구를 위하여 종은 울리나 : 어니스트 헤밍웨이 소설 인용

수평선

사는 것이 다 그런 것이 아니다

멀리 하늘과 바다 사이 줄 하나 조율 중이다
인간이 넘어서는 안 될 금줄 하나
신과 인간 삶과 죽음 절제와 유혹 사이
넘어가 보지 않고도
뭔가 보일 듯 보이지 않는
잡힐 듯 잡히지 않는

호기심은 신도 어쩌지 못해
하와가 선을 넘은 금지된 장난
에덴에 갇혀 있고 싶지 않아
진통이 아름다운 바다로 간다

배가 수평선 넘어간다
아, 무슨 일이 또 일어날 것인가

배가 오색 깃발 문어발 춤추며 돌아오고
어시장 생사의 한판 승부수로 돌직구 날린다

사는 것이 경계에 서기도 하는 것이어서
아리랑 고개 굽이굽이 돌고 돌아서
나를 넘어가게도 한다

그 달력의 이력서

일천구백팔십구 년 농협 숫자 달력, 벽이 입은 속옷이다 빈집 이력서 무너진 흙벽 보호막이다 숫자로 버텨 낸 세월, 바람 새 낙엽 숭숭 왕래한다 대나무와 소나무 가지로 엮은 뼈대가 앙상한 집, 달력은 스물여덟 살 아이와 동갑내기다 겹겹이 덧바른 벽지 밑 살짝 내민 얼굴은 이팔청춘의 시간을 거꾸로 엮어 간다

신접살림을 월세로 시작하고도, 돈보다 사람이 귀하게 보이던 따뜻한 봄날, 숫자에 그려진 빨간 펜 동그라미들 가족 생일 할아버지 제사 대소사를 기록한 생활 내용증명서들, 달려온 길 다 달린 이력서, 불쏘시개로 아궁이 물 끓인다 화장터 한줌 재의 의식으로 활활 타오른다

아메리카노 커피와 추억이 내장 속으로 흘러든다 집과 사람의 내력을 달력과 함께 파양한다 '두껍아, 두껍아 헌 집 줄게 새집 다오' 마당에 뛰놀던 아이들의 노랫말, 불씨는 자신을 태울 한 번의 불춤을 위해 살아 있다. 마치 신이 보낼 신호에 맞춰 추게 될 불춤, 이력서를 몸에 다 새기는 불나방처럼 살아간다

묘지의 햇살

사십여 년 전
눈물 묻던 자리에
잔디가 푸르다

부부 명 비석
아버지 새 집 단장하고 신부를 맞이한다

산 고층 묘지에 신접살림 차린 어머니 아버지
천국 층층 햇살도 이처럼 푸른가요

고양이가 나른하게 졸고 있는 가을날
떼까마귀들 다정도 무색한 오후 세 시의 햇살
들꽃 꿈꾸듯 하늘거린다

화석

지극한 세월의 발자국에
먼지 낙엽 흙의 내력이 켜켜이 쌓인 섬섬 바위

그 위로 물이 흐르고
다시 바람이 숨을 불어넣어
화석이 눈을 뜬다

간빙기 지나 빙하기 다시 간빙기
바위가 스러져 가는 긴 여정을 딛고
흑진주의 순한 눈빛이 나를 붙든다

만남과 이별이 다른 별의 이름표를 달고
너와 내가 다시 해후한 것일까

날선 감각이 구름 종이를 풀어 놓고
바위 위 족적을 탁본한
하얀 포말의 흘림체 서간을 읽는다

억겁의 세월을 입은 어느 샛길에서
다시 너를 만날 수 있기를
바다의 시간에 그대로 끼워 놓는다

밝은 낙서

해묵은 노트 정리하다
아무렇게나 휘갈긴 그림 같은 글씨 본다

뭘까? 호기심 작렬하여
자세히 들여다보니 세월이 할퀴고 간
울산 반구대 암각화 같다

나도 모르게
보고 싶은 얼굴을 흘렸구나!

하느님도 고독한 밤이면
하늘에 별, 별 얼굴을 그린다

밤이 깊을수록 별이 더 밝다

그림엽서

K를 생각하며 아를* 구시가지 거닐다 고흐의 감성, 쏘옥 빠진다 그림엽서 보면서 고흐, 어디쯤 있나 카페 밖의 광장 아를과 론 강 생라미 병원 별밤, 나는 별지기가 되어 별을 헤이다 가슴에 박힌 별로 고흐의 눈동자 속 K를 본다 이 세상 떠나 여행 중인 그와 더불어 차갑고 불같은 인생과 사랑, 사연 뜨겁다 지금 론 강변에 앉아 이렇게 엽서를 쓰고 있는 것은 아직도 자라고 있는 내 사랑 키우기 위함이다 꽃과 별에 새긴 내 연서 태양 볕에 말리면 그의 마음 헤아릴 것 같아 나의 마음 전해질 것 같아

*아를 : 프랑스 남동부에 있는 도시

알람브라는 흐른다

시에나 물 흐르는 알람브라 궁전

유랑하던 영, 이 세상 어디에서도 볼 수 없었던
왠지 알람브라 궁전에 있을 것만 같은 그대
바람결 여운 따라 흘러갑니다

꽃술에 닿은 미풍
먼저 다가와 손 내밀었습니다

하늘이 연못 물 맑은 눈 되어 주고
우리는 한 자 눈 넓이로 마주보고 섰습니다

알람브라여, 알람브라여 너는 무엇을 보았느냐

사이프러스 잎새 이슬 머금고
아라베스크 무늬 면면히 이어지기까지
만남과 이별, 빙점 한순간이 흘러갑니다

저문 감회 미모사 향기로 깨어나고
옛얘기 모두 사라진 궁전 주랑 사이로
물시계 멜로디 황혼 붉게 석류알처럼 흩어집니다

적벽 젖가슴에 쌓인 애상
플라멩코 추며
영화로운 꿈인 듯합니다

*알람브라 궁전 : 스페인 그라나다에 있는 이슬람 건축물

실마리 I

산다는 것은
신이 답을 주고 과제를 내면
인간이 답을 찾아가는 과정이다
생로병사에 엮인
희로애락의 덫이 곳곳에 있어
항상 주위를 잘 살펴야 한다

늑골 밑 심장을 뜨겁게 돌리던 북채의 행방이 묘연한 지금
고독이 냉혈한 독식가의 즐거운 비명소리에 홀린 지금
우리는 잊어버린 신화에서 그 실마리를 찾아야 한다

누구든지 문제를 가지고
고민에 붙들리면 꼼짝 못하다가 우연히
사물에서 해결의 실마리를 찾기도 한다

슈트를 다림질하다 발견한 안팎 뒤집기 시접
다른 이들 눈에 잘 뜨이지 않게
팔 안쪽 겨드랑이 밑 출구
한판 뒤집기

실마리는 쉽게 찾을 수는 없지만 언제나 가깝게 있다
신은 가끔 우리에게 준 답의 실마리로 그 존재를 알린다

낙엽

11월이 초록을 갈무리한다
태양이 남긴 잉여의 색다른 이름, 절정이 밟힌다
생기는 하루 분량의 잠을 거리에서 청하게 되리라
힘에 겨운 때는 차라리 누워야 편하다
하늘이 푸르고 바람이 시원했던 계절은 한 시절로 가고
생은 대부분 매달려서 사는 공중곡예
가슴 떨리던 청춘은 창공을 누비다
땅에 떨어져서도 아쉬운 꿈을 꾸고 있겠지
오늘 정처 없이 세상을 뒹굴지라도
메마른 동토에서 붉게 피어난 너를
다시 한번 보고 싶다

똥파리는 무엇으로 사는가

똥파리 한 마리 사제관에 날아들었다 먹을 것도 없는데 무엇을 찾아 들어온 것인지 유리창에 앉았다 천장 거꾸로 매달렸다 십자고상 앉았다 어디에도 맘 두지 못하는 것이 나와 같다 그 무엇에도 만족을 얻지 못하자 뇌리에 검은 반점 돋는다 바람 잡고 묵상에 들었으나 정진 없는 날개는 펴지 못한다

똥파리 그 해답 찾으러 사제관에 들어가는 본새, 고해소 들어가는 나와 같다 그는 동그란 눈알 이리저리 굴리며 주변 상황 살핀다 사제관 오기까지 이곳저곳 방황도 했으리라 신부님 앞에 앉아 두 손 모으고 고개 좌우로 흔들며 책상머리 성경책 위 진중히 앉았다가 알 수 없는 고백, 궁금증만 남기고 창밖으로 날아간다

나는 무엇으로 사는가

나는 매일 거울을 본다

나는 매일 거울을 본다
화장을 하고 옷을 고쳐 입고 머리를 빗는다

언제나 같은 모습처럼 보이지만
매일 다른 나를 본다
심령의 방언처럼 특별한 감각으로
보고도 모르는 나 자신에 관해서
포장된 진실이 불편하다

일방적 시선의 함정
애꾸다. 가린 눈 속을 알 수 없는
지독한 오독이다. 보이는 것에 세뇌당한

거울 속의 나는
빛이 있어야 보이는 그림자일 뿐
타인의 모습처럼 외면당한
나는 어디에 있는가

빛은 존재의 바탕이다
매일 보는 거울 속
사유의 엑스선에 잡힌
하얀 골격이 민낯을 드러낸다

그 틈새를 노려
거울 속 같이 환한 고독이
어깨 위에 허무한 궤를 두르고 있다
나는 누구인가

샐러리맨의 항구

배는 항구로 돌아오기 위해 출항한다
만삭 몸푸는 아낙처럼
비릿한 몸에 엉킨 생각들
선착장에 내린 닻이 무겁다

어디든 자리잡고
뜨고 지는 해와 달을 배경 삼아
일상을 내려놓을 수 있는 곳
미생들 기억 재생 버튼 누르고
꿈틀, 살아 있음을 확인하는 곳

힘들고 지칠 때 찾는
빌딩 옥상은 도시의 항구다

샐러리맨은 이상과 현실 사이를
이리저리 구르다
건물 꼭대기 잠시 닻을 내린다

시름이 일기를 풍속계에 단다
별이 무리에서 이탈하면 별자리 무너지듯
바람이 정상치를 잃으면 세상이 무너진다

항해 일지에 에너지 수혈 받음이라 기록하고
재충전된 샐러리맨 호가 출항한다

동피랑을 찾아서

통영시 동호항에 갔다
비릿한 해조음이
내 허파꽈리에 탁 트인 공기를 불어넣는다

연어는 제 태어난 강으로 돌아오면 비늘에 무지개꽃 피고
나는 내 태어난 산비탈 길을 오르면 살갗에 소금꽃 핀다

유년의 갈매기가 부화한 수십 년 세월이다
염원이 탑처럼 쌓여
집 위에 집, 지붕 위에 집을 이고 사는 마을
담쟁이 얽히고설킨 산비탈 길을
생선 판때기 머리에 이고 오르내리던
아지매 아제들 지금 어디에
'창복아 술 사 온나'
산 아래 아래로 지붕을 훑고 내려오던 길고 집요했던 목소리
도천동 산꼭대기 집 아제와 아들은 지금 어디에

앞바다와 뒷산이 마주보고 달리던
동피랑 아닌 곳이 없던
그 시절 그 사람들을 소리 없이 불러 본다
벽화 속 날개를 달고 날아가 본다
아메리카노 커피 향이 동화로 피어나는
번지가 다른 집 앞에서 어정거려도* 본다
바람 써언한 몬당**까지 오르다
아는 사람 만나면 정다운 안부를 물으리라
'산다고 욕 보제'

*서성거리다의 통영 사투리
**시원한 산꼭대기라는 통영 사투리

3

김장 편지

계절은 쉰두 번째 겨울로 다가온다

들에 나가 배추와 무를 뽑는데
눈이 눈물인지 눈물이 눈인지 볼에 스치는 바람 차갑고 따갑다

배추야! 무야! 잘 자라 주어 참 고맙고 미안하다

배추와 무에 불우한 이웃 사정 양념과 함께 버무리면
함께하는 겨울나기 따뜻하다, 후끈하다

독거노인 댁에 김치 들고 가면
"입맛 없어 잘 안 먹는다"
잇몸 사이로 흐르는 혀끝 말 목메인다

길 건너 가로등 불빛
창문 기웃하다 미소 짓는다
웅크린 내 어깨 위로 쓴 불빛 편지
고맙고 미안한 세상사 마음이라 읽는다

꽃이 외친다

— 위안부 꽃들을 위하여

누구도 꽃을 함부로 꺾어서는 안 된다
사지에서 돌아온 꽃이 말한다

도무지 알 수 없는 일
내 나라 내 땅에서 꽃부리 떨구며 끌려가
밝은 태양 아래 유린당해서

내 손 잡아 주지 못한 망국의 설움이야 말로 못다 하고
심장에 곡절이 박혀 숨을 쉴 수가 없어

힘센 자가 약한 자를 힘으로 눌리는데 당해낼 재간이 있는가

먼저 하늘로 간 내 동무들 생각하면
어쩔 도리 없어서
백주 대낮에도 앞이 캄캄해

억울하고 원통해도 염치없다 할까 봐 울지도 못해
가슴이 터져 죽을 것 같아
차마 소리가 되지 못한 응어리가 죽순처럼 솟아 내 심장을 찔러

그때 죽지 못하고 이렇게 살아온 것이 천추의 한인 것을
죽어도 죽지 못하고 살아도 산목숨이 아닌 게야

역사는 되돌릴 수 없고 조상의 명백한 죄 앞에서
제국에 이름 건 자, 매독은 후손에게 대물림되고
자기 죄를 인정하지 않는 맑은 하늘 아래
또 다른 이름의 죄를 방사하는 꼴이라니

뱀의 사악한 혀는 죽을 불구덩이로 기어가는 자신을 향해
독을 뿜는 줄도 모르고 꼴값 떠는 저것들 좀 보소!

길을 이앙하다

K는 수염 깎고 넥타이 차려매고 신발 요일 맞춰 신고
겉모양은 어제와 별반 다르지 않는데
시간차로 오고 가는 발걸음 출처가 다르다

삼십여 년 직장 명퇴 후
날개를 잃은 일벌은 시선 몰이한 변명이 궁색하다

아침 미사 참례
하루의 양식을 먹고도
여전히 허전한 쪽배는
한 허리의 양식으로 해결될 군상君上이 아니다

궁리가 껍질 벗고
싹 틔우면 모종 떠서
새로운 곳으로 이앙하려 한다

스스로 길이 된
고독이 만곡을 그리며
자신의 옆구리 허물어
새 터에 모종이 되고 있다

소매물도

바다보다 먼저 하늘이 물꽃을 피운다

다도해 섬들 다정도 하다
달의 힘 사위 물때 맞춰 섬이 춤춘다

하얀 등대 새겨진 메달 하나 바다에 둥실 띄워 놓았다가
작은 섬 큰 섬 함께 엮은 몽돌 고리에 내 마음을 건다

목걸이 신물에 푹 빠져 신명을 바다에 풀어놓는다

세상만사 푸르듯 어느새 나도 푸른 물이 든 것 같아
가마우지 물고기로 오병이어 기적을 볼 수 있을 것 같아

하얀 등대 별빛과 교신한 내용을 들풀들이 해독하고
펜던트 상형문자 안내대로 우리는 빛을 따라가고 있다

통영, 염력에 끌리다

바다와 나는 맹목적인 사랑을 한다
엄마는 내 탯줄 끊어
본래 온 곳이라며 바다로 돌려보냈다

산만댕이 고갯길 바다를 끼고돌아
바다와 하늘이 알몸으로 맞댄 수평선
서로를 향해 달리는 청푸른 메아리 동리에서
온몸의 감촉 촉촉이 굴리며
수십 미터 수면 속으로 잠입한다

이데아는 원초적 오르가슴적인 열망이다
신이 보내는 파동의 깊은 울림에 각인된
고래는 바다를 거스르지 않는다

들뜬 심장이 숨고르기 하며
먼 길 돌아온 나를 추스른다
침묵하던 일상의 기억들이
물메기 알처럼 활짝 부화한다

통영은 이데아로 가는 길목에 있어
염력에 끌려 무조건 간다

여름 소문

여름은 나뭇잎이 입술이 되어 불어온다

뮤즈는 나무의 산실에서 춤과 음악의 알을 낳는다

부드러운 귓불에 닿은 소리 말랑하고 투명하다

소리를 몸에 새긴 사람은 하늘에서 온 귀한 존재들이다

거미줄에 걸린 이슬처럼 바람은 한바탕 뜬소문을 마음껏 풀어놓는다

매미 소리 세상 뜨겁다가 한철 소품처럼 잊혀져 간다

푸른 거리 위의 빈껍데기가 시로 우화한다

이런저런 말꼬리는 긴꼬리 뱀처럼 쉽게 잘리지 않는다

그러나 여름 소문은 재갈을 물린 입처럼 갈무리하면 와르르 무너지기도 한다

민들레의 변辯

내게 말걸지 말아요

혹독한 겨울은 지났지만 내 생의 봄은 너무 짧아요

서둘러 꽃 피워 씨방 부풀면 볕 좋고 바람 좋은 하루 날 잡아 멀고 먼 비행을 해야 해요

딱 여기까지가 내게 주어진 운명이에요

물론 시간의 회랑과 회랑 사이

그대 모습 빛깔 향기 흠뻑 묻어나니 물망초 꽃말이 가슴에 걸리긴 해요

혹여 홀씨가 그대에게 날아가 준다면

꼭 전하고 싶은 말

눈먼 사랑은 딱 여기까지라고

빨간 눈빛 흘려 놓아요

바람 속을 간다

—바람과 함께 사라지다 영화를 보다

바람은 불고 싶은 대로 분다

일상의 잔해,
매캐한 연기가 폐허의 내장을 훑고
석양은 산 너머 핏빛 깃발을 내건다

나는 이 바람 속을 간다

무덤과 떼까마귀들 죽음처럼 고요하다
매미는 푸른 하늘을 잊지 않으려고 운다
길은 해그림자를 물고 방황한다

나는 어디로 가야 하는가

몸 붙일 곳을 찾아
기차를 타고 바람 속을 달린다

미지의 생각들 바람 속을 불꽃처럼 나아간다
다시는 불꽃을 피우지 못할지도 모를 세상을 향해 간다

오늘은 칼바람과 함께 떨어진
대지의 꽃잎을 밟고 서 있어도
오고야 말, 봄의 꽃잎을 열기 위해
나는 천년의 바람 속을 간다

황사

뿌옇다 눈동자에 황색 필터 끼운 걸까 천지 구르던 동공이 경보를 알린다 후각 따갑게 자극한다 너와의 해후는 폐부 깊은 곳에서 힘겹게 솟구친다 그 옛날 고려인의 볼모로 몽골에 잡혀갔다가 흙이 된 팍팍한 사연 전하고 싶은 것일까 가벼워진 몸짓으로 날아와 카메라 렌즈에 불시착한 바람이 전국 곳곳을 흐린다 철새의 귀향 철 맞춰 봄마다 동으로 남으로 수만 리 장천을 삼일 만에 왔다 한다 예측 못할 상봉은 항상 전후가 뿌옇다

노을

누군가 태양의 얼굴 똑똑히 보고 싶다 말했나요 꼬까옷 입고 싶다 조르던 아이에게 봉선화 손톱 물들여 준다 했나요 들녘 장수 허수아비 너덜 옷 타박하여 노을빛 연민을 자극했나요 강변에 흐르는 물 까맣게 오염되어 수심 닿는 새콤한 오렌지 수은등이 필요하다 청구했나요 왜 묻느냐고요 저 보아요 태양의 해묵은 열정 화첩 노랑 빨강 상처 꽃 헤집어 산란이 덜된 산고처럼 아득해요 하늘땅 모래시계 사람이 이름 지어 준 것들 노을빛 풀꽃 노래 청청淸淸 매미 목청 고고高高 생각이 날아올라 붉은 태양 움켜잡아요 비단 구름 하얀 목마를 타고 와 이름 받은 것들에게 태양빛을 내렸어요 하늘과 땅이 서로 어우러져 선善한 빛 올올 풀어내요 어느새 그대와 내 얼굴이 홍당무가 되었어요 저물녘, 불씨가 직립으로 옮겨붙은 강물이 말없이 흘러요 달구어진 새떼처럼 노을빛 십자가에 비춰진 우리 얼굴을 보았어요

늪은 정거장이다

오고 가는 여정
늪이 예정된 자리를 내어 준다
수천 년 해와 달이 쌓아 둔
물과 바람과 흙
잊어버린 시간 손 내밀며
우포늪이 나를 부른다

밤에 피는 억새는 새하얀 고요다
달빛이 불러 나온 윤곽은
밤이 깊을수록 진한 농담을 걸어오고
기러기 잠꼬대로 잠자던 책장을 깨워 명부를 확인한다

오고 가는 여정
겹겹이 제자리 잡은 우듬지
하늘과 땅이
늪 속으로 늪 밖으로
경계를 허문
만남과 이별이 하나로
물안개 피어오른다

구름 걷고 마중 나온 달과 함께
소요 없이 너를 불러
폐부가 뚫린 바람으로 잠시 내려앉는다
늪은 물색을 가리지 않고
잠시 쉬었다 가는 정거장이다

엄마, 하모니카는 잘 불 수 있어요

태어날 때부터 양팔과 양다리를 갖지 못했어요 알지 못한 그 어느 날부터 지금까지 쭉 고아원에서 살았어요 오직 한 가지 소원은 엄마가 보고 싶어요 살면서 많은 것이 필요했지만 저는 더 좋은 것을 선택했어요 입으로 가는 휠체어를 타고 어디든지 갈 수 있어요 제 모양에 익숙한 붕어빵은 작은 온기로도 기분이 좋아져요 가끔 저를 바라보는 사람들의 눈매가 떨기나무처럼 흔들려요 기억 저편, 낙엽 같은 희망이 저에게는 있어요

엄마, 하모니카는 잘 불 수 있어요
세상 전부를 잃고서 악기 하나를 얻었으니
외롭고 지친 영혼들을 위로하고 싶어요

멜로디에 마법의 성문이 열리고
엄마의 손뼉이 리듬을 타면
저의 가슴이 잎새처럼 파르르 떨려요

하모니카 선율에
세상 모든 엄마들이 내 엄마가 되지요
박수갈채는 사랑과 위로를 담아서 엄마에게 전하고 싶어요

마법의 성으로 들어갈 수 있는 굴뚝새의 암호
엄마, 하모니카는 잘 불 수 있어요

이름 모를 꽃들을 위하여

한산섬 바닷길 고동 줄무늬 같은 시간이 내 혈관에 감겨 돈다 파도의 가슴은 비릿하다 골육의 정은 바다 밑 산소처럼 목울대에 간절하다 육신은 물 위로 떠올랐어도 영혼은 바닷말에 간간히 맺혀 있구나! 갈매기 목청 길잡이로 하여 여수 오동도로 달려가는 길 방금 막춤을 끝낸 동백꽃 알 묵주로 꿰니 나라의 꽃으로 부활하는 성웅 이순신, 한산도가閑山島歌 내 애간장에 불을 놓는다 땅 위 붉은 꽃잎 절정 끝으로 떨어졌지만 우국충정 이름 모를 꽃봉오리들 언제쯤 피어날까 배 꽁무니로 쏟아내는 눈물, 망부석이 부르는 애가, 해안을 지키던 함성, 하늘까지 치솟던 북소리, 물방울 모시 적삼이라도 지어 입히고 싶다 하니 꽃구름 심장이 햇살로 핀다 제각각 섬들이 나를 붙들고 제 혈육 보듯 눈들 반짝인다

별난 동거

채울 수 없는 것은 차라리 비워 두어야 했다

그녀의 소망은 LH 비둘기 임대 아파트에 당첨되어
가족과 함께 사는 것이었다

아파트 입주하고 장애아들을 낳은 후 남편과 이혼했다

몇 년 전 샷시 없는 베란다에 비둘기가 둥지를 틀었다
허전한 보금자리가 이 별난 동거로 채워지는 것 같았다

사람 빈자리에 새들 가족이 점점 불어나
영역의 날개를 팔난봉 사내의 완력처럼 무섭게 퍼덕였다

SOS 119 출동
인터폰 소리 없이 문이 열렸다

채울 수 없는 것은 차라리 비어 두어야 했다

다른 안목 다른 사랑법

낯선 길을 가다 보면 왠지 불안하다

장애 아동 가정 양육 실태 조사 가는 날
방문 가정은 들판 외진 곳에 있다

사회복지사 그 집 앞 기웃거리다
휙, 지나치는 인기척에
머리카락 쭈뼛 선다

지적 장애 2급, 그녀가 주워 온 거리의 물건들이
천장 없는 방 높이를 재고 있다
아들을 낳고도 키울 수 없게 되자
새끼를 빼앗긴 암고양이처럼
사람들 보면 피하거나 울부짖는다

하지만 몸이 아파도 무조건 하는 일
남편 밥 챙기기
지적 장애 아동 등하교시키기
절대 돈 안 쓰기

주워 온 물건 쌓아 두기
아들 그리워하기 등등

미로에 빠지면 새소리 들리지 않고
사랑에 빠지면 벌처럼 충직한
셈을 모르는 그녀만의 방식대로
다른 안목 다른 사랑법이 있다

사각지대

외진 골목 구석진 골방
몸 오그려 누울 수 있다
광합성할 수 없는
그녀의 혈소판 감소, 잎맥이 누렇다

집 안이거나 밖이거나
가난은 천장 쥐 오줌처럼 방향 없이 번져 간다
남편의 바짓가랑이 속,
빈곤은 유속이 빠른 물길이다
자폐아들이 커 갈수록 살림이 바닥에 깔린다
혼자 일어서기에 불감당한 일이다

성근 그물 사이로
마우스 클릭, 클릭, 클릭
희망이 손에 잡히기를
네트워크 좌판 두드려 찾고 또 찾는다

햇빛마저 넉넉지 못한 부엌문 아래
민들레꽃 핀 사연 하나 전해지길

훈훈한 바람 불어와
홀씨가 날아갈 돋을양지 쪽으로
그녀를 데려가 준다면
어찌 살아 볼 수도 있을 텐데…….

4

벚꽃과 하루살이

봄볕 간지러운 벚꽃 몸짓마다 웃음이다

비바람 젖는 하루살이 날개마다 웃음이다

벚꽃은 하루살이처럼 웃다 비바람에 지고

하루살이는 벚꽃처럼 웃다 봄볕에 진다

꽃잎 한 장 이거나 꽃잎 한 장 덮거나

모든 것이 한바탕 꿈이었다 할지라도

결코 인생은 빈손으로 가는 여행이 아니다

울고 웃는 일이 다 내게 있다

채석강*

파도는 유서 깊은 탐험가다
그의 가슴은 미지로 들끓고
꿈은 늘 육지로 향해 있어
마침내 채석강에 이르렀다

공룡이 돌에 새긴 족적은
층층 절벽 장서로 보관되고
오랜 세월 물결 더듬어 가며
내 본연의 해답을 찾는다

달을 건지려 바다에 뛰어든
이태백이 넋을 불러
술을 권하고
인생의 길을 물어도 본다

어머니 쌀 씻는 소리 들리듯
파도 소리 나를 부르고
세월에 깎인 둥근 얼굴
채석강 바윗돌에 앉아

파도가 저물도록 하려던 말을 듣는다

'세월이 흐를수록 잊지 못할 아쉬움은
어린 시절 꿈의 초상肖像이다'

* 채석강 : 변산반도에 있는 층암절벽과 바다를 말함.

지저 건널목*

지저 건널목
하루 일정표 따라 울리던
목청 긴 우렛소리 들리지 않는다
고사목 같은 대피소와 기차선로
모골이 송연한 모습 그대로
추억의 배경 사진은 간신히 버티고 있다

아양 철길이 현수막으로 떠서 철커덩, 철커덩
옛 연인들 역전의 노래 부르는
철다리 카페 아메리카노 커피 향 맡으면
오래전 흙을 베고 누운 너를 생각한다

둘이 걷던
지저 건널목 철둑길에 앉아
소인도 없는 우표에
바람 한 장 구름 한 점 추억 한 소절 끼워 맞춘다

만일 하늘과 땅 사이
새 열차 생겨나 해후라도 한다면

그건 기쁨일까 슬픔일까

너무 멀리 와버린
추억은 구름처럼 떴다 사라져 가고
꽃은 목을 세워 햇빛을 좇고 있다

* 지저 건널목: 대구 동구에 있던 철길 건널목

빗방울 두드린다

가을비 온다
도마 두드리다 생각에 칼날 스친다

빗방울 담쟁이 두드린다
입원한 노모의 살가죽처럼 쪼글쪼글 말라붙은 담쟁이덩굴
마지막 숨을 몰아쉬듯 비의 링거 맞고 잠깐 생기 모은다

빗방울 수수밭 두드린다
참새 무리 음표처럼 비상
하늘이 공명 친다
먹을 것 걱정 없는 수수밭
어찌 저리 붉은가

빗방울 갈대밭 두드린다
갈대밭 투명한 구슬에 유년 집 비친다
만화책 보는 언니 오빠들의 발 고스란히 모인 방
고구마 솥 김 모락모락 올리던 어머니
그 어머니의 비가 내린다

강은 수많은 비를 끌어안고 흐른다
강바닥 고동은 모래알 머금을 때마다 어머니를 기억할 것이다
빗방울이 북채에 갇힌 소리를 두드린다 두드린다 두드려 깨운다

눈 내리는 어느 날

억새 물보라 일으키나
구름 연등놀이 하나
바람에 옷깃 쓸릴까 봐
손 내밀지 못하고 바라만 본다

바리데기 꽃 부풀어 하늘에 닿으면
순백의 눈으로 다시 온다 했으니
언 땅에 눈꽃 핀다

굳은 맹세와 미련의 슬픔은 이제 잊기로 한다
눈길, 앞선 발자국 위에 찍힌 내 발자국
그 길 위에 다시 눈 쌓이니
세상이 온통 눈, 눈, 눈이다

고요한 적막이
어느 가난한 이의 창가에
소리 없이 날다가
문득 떠오르는
하늘 좇는 눈

항아리 밖 침묵하던
빗살무늬가 생을 빗금 칠 때
그것은 아니라고
그것만은 아니라고
눈발 휘갈기고 싶어지는 날이다

신명을 풀다

막장 달력 감나무 우듬지 끝에서 새를 부르는 까치밥쯤으로 문장이 되지 못한 자모의 한숨에 늑골 빠진 십이월
문학인의 밤에 모인 신명이 벌이는 한바탕, 문장들 북두의 꼬리를 물고 하늘로 오른다 징조가 심상치 않다

외할머니 풍물패 상쇠 할머니 북 허리에 실려 온다 생전 할머니 말씀이 '세상에 괴변이 일어나려면 하늘이 먼저 피바다로 붉어진다' 하셨지 할머니 새끼줄처럼 꼰 색실, 피와 한의 표징을 이마에 두르고 오방색 날개옷 입고 뛴다

몸속혼을정수리위로쳐올리는휘모리장단,(덩덕궁덩덕궁이)가슴팽팽히미어져라구령하는북,(덩덕궁덩덕궁이)허공을몰아내혼휘어잡고,(덩덕궁덩덕궁이)꽹과리합세하여유라시아평원의고개길꺾어,(덩덕궁덩덕궁이)사하라사막거친모래로부정을씻고,(덕덩궁덕덩궁이)환태평양조산대바다밑식지않는용암의줄기와손잡고분화구우주로분출,(덩덕궁덩덕궁이)

바지랑대를 맴도는 고추잠자리 발 모양새로 사뿐사뿐(어헛)

곧이어 할머니 식지 않는 세마치 흥으로 좌중을 이끈다, 덩덕궁이 눈매가 위아래 사방지기로 날쌔다

머리를 덩덕궁이 어깨에 춤을 담아 길고도 높이 발 없는 흥, 덩덕궁이 뛰고

다시 날아 궁상각치우 음계는 폭포 수위를 따라갈 수 없어

덩덕궁이 갖신 벗어 놓고 맨발로 솟는다(어헛)

할머니 날개옷에 혼이 깃들고(덩덕궁 덩덕궁이) 내 혼 북소리에 치받들려 구름꽃자리 위로 훨훨 날아(덩덕궁 덩덕궁이) 꽹과리 소리 타고 얼어붙은 영의 바람 신출 나게 일으킨다(어헛)

무한 공중에 뜬 영은 추락하는 때의 허무를 아는데

예지가 남길 문장은 어디쯤에 와 있는가

절정에 사로잡힌 신명은 막장 달력의 애간장을 녹이다 깨어난 사유

십이월 서물녘, 상쇠 할머니 신이 내린 문상이 신넝을 풀어낸다

생각 밖의 길

생각은 어디로 튈지 모르는 유리잔 속 출렁이는 물과 같아
생각 밖의 길은 가 봐야 알 수 있다

인생의 바퀴는 가슴부터 닳고 또 닳는다
뼈와 살이 함께 달려
졸라맨 허리띠를 좀 펴려고 하면
어느새 수명이 다된 타이어는
겉모양부터 사위어 간다

아침 이슬이 별들 가슴에 맺히고
곡예사가 줄 위를 구름처럼 오르듯
옷 입고 밥 먹고 사랑 나누는 일상들
어제의 분노도 현실의 아득함도
항상 가는 길 위에 있다

가시나무 새 날다 지치면
내일은 이름이 다른 나뭇가지로 옮겨 앉아
자신도 알지 못했던 길 위를 날고 있다

생각 밖의 길을 가다 보면
우연히 길에서 네잎클로버를 만나게 된다

우리가 알지 못한 우연이 운명이 될 때
비로소 별이 길 잃고 방황하는 이를 위해
밤을 밝히는 이유를 알게 된다

새해 첫날 아침

새해 일월 일일은
우리 모두의 생일날
해마다 첫날 아침이 설렌다

하얀 눈 처마 밑의 고드름
뒤안길 아쉬움에 매달려 있다면
햇살 같은 날개를 펼쳐
다가올 날 새 복은 새 주머니에 담고
당신과 함께 나아가리라

새해 첫날 아침
어제의 다른 이름을 오늘이라 하고
오늘의 다른 이름을 희망이라 부르자

나의 덕담이 당신의 꿈을 응원하듯
당신의 덕담에 힘입은 내 꿈이
첫 비행을 시작하는 제비처럼
용기와 끈기로 하늘을 향해 날아 보리라

태양도 새해가 되면
첫날 첫걸음의 각오를 새롭게 한다
새해 첫날 아침
태양의 탄탄한 수레 바큇살에 실린
큰 바위 얼굴을 우리는 보게 된다

*큰 바위 얼굴 : 1850년 너새니얼 호손이 발표한 단편소설이다

쓰레기통에 대한 단상

가끔, 사물을 보다 깊은 생각에 빠진다

버스정류소에 설치된 쓰레기통
빈 캔, 우유팩, 종이컵…
사람들 먹다 버린
떡볶이 고추장 국물에 입술이 뻘겋다

쓰레기통 무리에 끼이지 못한 폐지들
사춘기 집 나온 아이처럼 거리에서 나뒹군다
행인들 낙엽처럼 구겨진 얼굴로 지나친다

고물 수거 할머니와 쓰레기통의 운명적 만남
성가가 입속 알사탕처럼 구르고
폐지들 리어카에 얌전히 앉아 있다

폐품 전문가에게 묻고 싶다
사람들의 생활 부산물,
골칫거리 혹은 돈이 되는 것 중
나는 어디에 속할까

가끔 이런 사고방식이 우리를 슬프게 한다

주머니 속 구겨진 단상
길고양이 검은 그림자
강 언저리 드리우다가
하품 긴 실개천 따라
무심히 흐르기도 한다

생각 그리기

강가에 앉아 물속 바닥과 소통하는 생각을 본다

돌부리에서 흩어진 생각이
햇빛 물무늬로 떠돌다
송사리 지느러미에 머물다
물결 흔들리며 윤슬로 반짝이는
지금 여기, 보이는 물로 생각 그리기 한다

생각이 물풀에 앉아
부화하지 않은 물자라의 알처럼
아비 등에 업혀 있어도
여기에 있는 물 그대로 여과 없이 그린다

물은 투명한 순수다
우리 몸의 대부분이 물이어서
생각이 순수를 입어 맑아지며
그림자는 사라지고 본연의 모습 그대로
보일 것 같다는 생각을 그린다

투명한 것은 밝다 밝은 것은 빛이다 빛은 무수한 빛으로도 밝다

불투명한 것은 어둡다 어두운 것은 흙이다 흙은 무수한 흙으로도 어둡다

끝까지 가 보면 알 수 있는 일
누구나 한 번쯤 가서 보고야 말 일을
누군가는 신의 이름을 걸고 말하기도 하는
강바닥을 읽고 있는 투명한 물과 소통한 생각을
내면의 눈으로 들여다본다

번뇌가 요동치는 생각의 바다
부윰히 터 오는 물속 바닥

촛불

성전 제대 위
양초가 제 몸 태울 때
우리는 멀리 있어도 빛을 본다

파라핀 몸
무명 심지 정신
불꽃인 영혼

모래성 허물고
삶을 오롯이 녹인
정수가 영혼의 꽃불 피운다

세상살이 막막해 앞이 보이지 않는다 하니
진흙 속에 길이 있다 하고
등잔 밑의 어둠이 덤불 속이라 하니
가슴을 내밀어 빛을 보라 한다

파스카의 극약 처방처럼
고통을 끌어안은
육신은 간곳없고
자신을 오롯이 태워
세상을 밝힌 그 빛을 본다

거리의 초상

덤프트럭
차도에 스키드 마크 찍힌다
마찰음 끼익-
정지 정막 간극 촌음 사이
숨막힌다

횡단보도
공중부양 후 낙화
고막을 찢는 종막의 종이 울린 것인가

언젠가 가보고 싶었던 그의 꿈
아프리카 얼룩말 줄무늬 등에 가볍게 올라앉은 느낌
꽃 한 송이 피었다 툭 떨어진다

신호등 초침은 오차 없이 진행되고
살아서 무던히도 바빴던
한 생이 축 늘어진
사지 모양대로
하얀 래커 금줄에서 멈춘다

인적 없는 법당
홀로 타는 촛불
거리 먼지 툭툭 털어내고
영과 육이 각각 경계를 넘어
번뇌의 굴레를 벗어나 있다

상실의 꽃

바위산 물기 잃은 실개천 피랍자의 휑한 눈동자 전쟁에 갉아먹힌 희망이 생사의 갈림길에 서 있다 하늘을 나는 새소리 목이 마르다 사각 창문틀에 갇힌 자유 새털구름이 손짓한다 상실의 꽃 알 수 없는 향방은 꽃대궁 위에 대롱거린다

시위를 떠난 욕망의 화살은 피를 부르고
지구촌 곳곳에서 사람과 환경이 전쟁으로 신음한다
상사화 피운 땡볕이 please! please!
전쟁이 피울 수 있는 꽃은 없어요
피 묻은 잎, 입이 토로한다

이국땅은 전쟁 중
선량한 사람들 뜻 모를 희생양이 되고
방랑자들 씨알 파란 나비를 꿈꾸며
오늘도 머물 곳을 찾아 헤맨다

인간이 외면한 구원을
멀리 있는 신에게 자비를 청하면
지금 여기 모든 이의 신은 모두를 위한
신성으로 사랑과 평화의 종을 일제히 울리는데
언제 우리 가슴에서 꽃필 것인가

세상을 짓밟은 군화가 국경을 넘나들며
일체의 신을 조롱하고 있지 않은가

불어라 봄바람

바람은 기도처럼 불어온다
의사는 그의 운명을 알리고
나는 거리를 떠돌다
이 세상 저 세상 무게를 저울질한다

지하도 구석에서 노숙자를 본다
겨울나기 옷 한 벌씩 생기는 대로 덧입고
주머니 나방처럼 추위를 견딜 수만 있다면
살아남을 이유가 되겠지

추위와 배고픔은 어찌 연명되었는지
고독은 몸통만한 뭉치의 외투로 충분한 것일까
나방은 주머니 옷 한 벌 입고
겨울나무에 노숙한다

세상은 겨우 내내 혹독한 기도터다
한파에 시달릴수록 기도가 간절하다
나방은 십자나무학교 졸업하면
날개를 활짝 편 나비가 되리라

노숙자 나비처럼
펼칠 날개를 희망이라 부르며
생사 중심의 눈금이 재활을 뛰어넘어
봄꽃 푸르게 피어나리라

불어라 봄바람!

활짝 피었습니다

꽃의 이름을 부르지 않는 사람
꽃의 입술을 훔치지 않는 사람
꽃의 향기에 취하지 않는 사람
꽃의 빛깔에 빠지지 않는 사람
꽃의 눈길에 끌리지 않는 사람
꽃의 말투에 홀리지 않는 사람
꽃의 몸짓에 흔들리지 않는 사람

그럴 수 있어요 충분히 그럴 수 있어요
그대는 꽃보다 고운 사람이니까요

오늘 그대에게 꽃을 건넴은
그대를 향한 내 마음이 활짝 피었습니다

해설

열림 혹은 어둠이라는 빛

김 상 환 시인

해설

열림 혹은 어둠이라는 빛

김 상 환 시인

1.

“오렌지는 언제 / 태양과 같은 믿음을 배웠을까 …… 별들은 어떻게 물을 구할까 …… 새들은 어디에서 마지막 눈을 감을까 // …… 우리는 단지 질문하다 사라질 뿐”(파블로 네루다, 「우리는 질문하다가 사라진다」). 시는 말과 삶에 대한 질문(when, how, where, why / what)이다. 문제는 이러한 질문 방식이 더 이상 실용적이지 않고 심미적이란 데 있다. 그리고 어떤 대답을 요구하는 것이기 보다는 질문 자체에 비중을 두고 있다. 질문은 인간만의 고유한 실존이자 조건이다. 질문하다가 사라지는 “인류는 사라짐의 방식을 발명한 유일한 종이자 사라짐의 예술”(장 보드리야르, 『사라짐에 대하여』)이다. 사라짐은 죽음이나 소멸과는 달리 부재의 현존이랄까, 나타남이다. 사라지듯 나타나는 바다의 물거품은 그야말로 사라지는 방식으로 나타난다. 이것은 문학의 아름다움이자 비밀이다. 문학은 생과 사에 깊이 관여한다. 그러나 생-사가 어떻게 나뉘고 이어지는가. 빛과 어둠, 신화와 현실, 침묵과 말 등. 그 사이와 경계, 전경과 배후로서 어둠이라는 빛, 신화라는 현실의 국면은 또 어떻게 이해하고 수용할 것인가.

시인은 생각한다. "나는 무엇으로 사는가?"(「똥파리는 무엇으로 사는가」), "나는 어디에 있는가 …… 나는 누구인가"(「나는 매일 거울을 본다」). 그리고 "나도 봄으로 날아갈 수 있을까"(「봄바람」) 등의 질문은 미학과 윤리의 영역으로까지 이어진다. "고양이가 나른하게 졸고 있는 가을날"(「묘지의 햇살」), 오후 세 시의 일이다. 〈오후 세 시〉는 무언가를 하기엔 너무 늦거나 너무 이른 시간이다. 테라스가 적막한 시간이거나 태양이 죽음처럼 뜨겁게 타오르는 시간이다. 섬들이 안개 속에서 떠다니는 것만 같은, 어디선가 매미 냄새와 풀냄새가 나는 시간, 구름들이 모였다 흩어지고 푸른 지붕 위로 섬세한 아라베스크 무늬가 소용돌이처럼 천천히 아로새겨지는 시간이다. 사르트르와 라파엘 앙토방이 말하는 오후 세 시는 이처럼 어지중간한 시간이거나 적寂의 시간이다. 딴은 몽상의 시간이거나 감각과 기氣의 집산集散, 소용돌이의 시간이다. 섬세한 마음의 무늬가 천천히 아로새겨지는 시간이다. "사는 것이 경계에 서"(「수평선」)는 일이라면 오후 세 시의 시는 또다른 질문이다.

2.

밤의 등줄기 감아올리는 나팔꽃
허공의 그림자 분별할 수 없어
꽃봉오리, 탯줄 감은 아기처럼
공중 맴을 돈다

정情이 탈진하여 허방을 짚고
무릎 사이 고개 꺾인 꽃대
골방 모서리 그리움 박제되어 걸리듯
어두움의 맥박 산 채로 못 박혀
달 수레 옮기며
나팔꽃 연한 줄기로 밤을 걷는다

별 강 따라 홀로 건너는 세상
외로움 뜨거워 별 가마 녹이며
꽃 얼굴에 맺힌 눈물 자국은
물속에 어린 내 얼굴처럼
잡힐 듯 잡히지 않는
아침으로 가는 열망이다

어둠 밤 열고 나온 꽃의 내력
자궁을 빠져나온 산고처럼

겪지 않고는 모를 내 연서와 같다

아침을 깨우는
나팔꽃과 나 사이에
말없이 통하는 전율
언어가 될 수 없었던
실잠자리 날개 같은 감각이
눈썹 끝에 이슬 받치고
파르르
떨고 있다

—「어둠을 열고 나온 나팔꽃」 전문

이애란에게 시는 어둠을 열고 나온 꽃이다. 이른 아침 나팔꽃은 깊고 어둔 밤의 문門을 열고 나온다. (검)붉고 푸른 빛이다. 덩굴줄기를 타고 피어난 그 꽃은 하나의 식물이 아닌, 생명의 탄생("탯줄 감은 아기")이다. 생명, 그 중에서도 갓난아기(infant)의 탄생은 말할(fant) 수 없는(in) 존재의 신비와 가능성을 의미한다. 이 갓난아기가 씨앗(corc)의 상징이라면, 고대 그리스 비극시인 에우리피데스의 시에 나오는 "말할 수 없는 소녀 - 코레(kore)"는 씨앗(의 심연)이자 초월의 상징이다. 꽃이라는 별이다. 씨앗이 어둠을 뚫고 자라기까지, 허공을 향해 뒤엉킨, 연한 줄기에는 고개가 꺾인 것도 있고, 산 채로 못 박힌 예수의 모습도 얼비친다. 세상의 강이란 누구도 예외 없이 혼자 건너가게 마련. 눈물이라는 시는 무명無明과 고독의 문을 마침내 열고 나온 꽃이다. 꽃의 내력이다. 화자인 나와 꽃의 대면은 기쁘다 못해 일종의 전율을 느낀다. 섬세한 감각과 언어, 관찰과 사유의 미적 긴장감이 돋보이는 이 시는 이애란의 시적 관심과 출발을 잘 보여준다. "잡힐 듯 잡히지 않은" 인간의 심리와 시간의 맥박은 하나의 음악과도 같다. 그랬을 때, 음악은 알퐁스 도데의 말처럼 "또 하나의 천체"가 아닐까.

꽃의 시적 감수성에 비해 자의식을 잘 드러내 보인 작품으로는 「나는 매일 거울을 본다」가 있다. "언제나 같은 모습처럼 보이지만 / 매일 다른 나를 본다 … 거울 속의 나는 / 빛이 있어야 보이는 그림자일 뿐 … 나는 어디에 있는가 // 빛은 존재의 바탕이다 … // 그 틈새를 노려 / 거울 속 같이 환한 고독이 / 어깨 위에 허무한 궤를 두르고 있다 / 나는 누구인가"에서 보듯이, 거울을 매개로 한 이 시는 존재 탐구와 장소topos의 문제를 다루고 있다. 거울 밖의 나와 거울 안의 나는 같은 듯 다르다. 이런 동일성과 차이는 실재와 환영幻影, 빛과 그림자, 일자와 다자의 문제와도 친연성을 지닌다. 중요한 것은 양자의 경계를 가로지르는 이음 즉 틈과 사이의 문제이다. 그 결과 "거울 속 같이 환한 고독"은, 밝은 어둠은 일종의 "흰 그늘"을 환기한다. 허무를 (허)무화하는 게 문학의 운명이라면, 다른 나 / 다른 삶 / 다른 감정의 층

위를 발견하고 사유하고 표현하는 것은 시인의 사명이다. 차이 속에 은닉되어 있는 동일성, 동일성 속에 내재해 있는 차이를 성실하고 예각적으로 감응하는 일로서 거울을 본다는 것은, 내 안의 타자를 발견하고 꿈꾸는 일이다. "나는 늪이다"(「늪은 정거장이다」).

내가 가는 길은 길 없는 길이며, 비탈진 길이고, 생각 밖의 길이고, 자신도 알지 못하는 길이다. 그리고 나는 시간 속의 자아다. "빙점의 한 순간"(「알람브라는 흐른다」)이다. (W.워즈워스가 『서곡The Prelude』에서 말한) "시간의 점spots of time"에는 재생의 힘이 있어 우리가 높이 있을 땐 더 높이 오를 수 있게 하고, 떨어졌을 땐 다시 우리를 일으켜 세운다. 삶이란 그 순간의 점을 모아 잇는 선이자, 시간의 무늬다. 결이다. 거기엔 한 인간의 성숙한 내면과 경험이 무르녹아 있다. 실존의 근본 범주로서 시간, 그 시간 속에서, 시간을 통해서만 존재하는 우리의 "상처(는) 시간을 품어야 새살이 돋"(「터널」)는 법. 주름 같은, "줄무늬 같은 시간"(「이름모를 꽃들을 위하여」), 그 "시간의 회랑과 회랑 사이"(「민들레의 변辯」)에는 바다가 있다. 바다는 '나'의 본래("엄마는 내 탯줄 끊어/ 본래 온 곳이라며 바다로 돌려보냈다")이자 맹목의 사랑이며, "이데아로 가는 길목"(「통영, 염력에 끌리다」)이다. 「채석강」이란 시에서 보면, "파노는 유서 깊은 밤 험가다 / 그의 가슴은 미지로 들끓고 / 꿈은 늘 육지로 향해 있어 / 마침내, 채석강에 이르렀다"는 대목이 나온다. 여기서 "마침내, 채석강에 이르렀다"는 표현은 전체를 집약하는 것으로서 울림이 있다. 마침내 강에, 바다에 이른 자에게 모든 것은 얼마나 멀리 있는가. 시는 "본연의 해답"에 이르는 길이자, 미지의 세계, 미답의 영역을 찾아 나서는 질문의 과정이다. 물이 육지와 바다(또는, 현실과 꿈, 의식과 무의식, 자아와 타자)를 잇는 가교라면, 파도는 그런 육지에 가 닿아야 함에도 불구하고 닿을 수 없는 비애다. 아득한 거리다. 괴테가 꿈꾸는 미지의 세계가 이탈리아라면, 채석강의 꿈은 육지에 있다. 육지를 향한 그리움에 있다. 그 "그리움 sehnsucht에서 h에 의해 길게 늘어나는 e는 그리워하는 자와 그리움의 대상 간의 거리감을 나타낸다"(막스 피카르트,『인간과 말』). 이러한 심리적 / 미적 거리가 서정시의 또 다른 아름다움이자 깊이가 아닐까.

3.

한편, 자아와 더불어 타자에 대한 사랑과 연민 또한 이번 시집(『빈집 세우기』)에서 많은 부분을 차지한다. 「사각지대」, 「빈집 세우기」, 「그 달력의 이력서」, 「눈 내리는 어느 날」, 「빗방울 두드린다」, 「거리의 초상」 등이 그것이다. 외진 골방에 누워 있는 어른이나 태어날 때부터 양팔과 양다리를 갖지 못한 아이, 전쟁 난민이나 노숙자, 위안부, 그리고 중풍으로 빈 집이 된 할머니, 병실에서 마지막 숨을 몰아쉬는 노모에 이르기까지 연민의 대상은 다종 다양하다. 사회적 약자들에 대한 시인의 사랑과 연민은 신명풀이에서 절정에 달한다. "몸속혼을정수리위로쳐올리는휘모리장단, (덩덕궁덩덕궁이)가슴팽팽히미어져라구령하는북, (덩덕궁덩덕궁이)허공을몰아내혼휘어잡고, (덩덕궁덩덕궁이)꽹과리합세하여유라시아평원의고개길꺾어, (덩덕궁덩덕궁이)사하라사막거친모래로부정을씻고, (덕덩궁덕덩궁이)환태평양조산대바다밑식지않는용암의줄기와손잡고분화구우주로분출, (덩덕궁덩덕궁이)" (「신명을 풀다」)에서 볼 수 있듯이, 몸속혼으로서 신명은 허공과 평원, 사막과 우주로 확장되는 "신이 내린 문장"이다. 한恨의 맺힘과 풀림에 이어 이번에는 죽음이라는 타자로서 「거리의 초상」을 보기로 하자.

> 덤프트럭
> 차도에 스키드 마크 찍힌다
> 마찰음 끼익-
> 정지 정막 간극 촌음 사이
> 숨막힌다
>
> 횡단보도
> 공중부양 후 낙화

고막을 찢는 종막의 종이 울린 것인가

언젠가 가보고 싶었던 그의 꿈
아프리카 얼룩말 줄무늬 등에 가볍게 올라앉은 느낌
꽃 한 송이 피었다 툭 떨어진다

신호등 초침은 오차 없이 진행되고
살아서 무던히도 바빴던
한 생이 축 늘어진
사지 모양대로
하얀 래커 금줄에서 멈춘다

인적 없는 법당
홀로 타는 촛불
거리 먼지 툭툭 털어내고
영과 육이 각각 경계를 넘어
번뇌의 굴레를 벗어나 있다

—「거리의 초상」 전문

김기택의 「흰 스프레이」를 연상시키는 이 시는 거리에서 죽은 사람의 비명횡사를 다루고 있다. 거리의 초상初喪/肖像은 하나의 흔적으로서 죽음과 우연이라는 사건이다. 차도에 찍힌 덤프트럭의 스키드 마크는 숨막히는 생사의 순간이다.

고막을 찢는 소리와 함께 누군가 공중부양을 한다. 그 찢음의 "소리를 몸에 새(긴 그는) 하늘에서 온 귀한 존재"(「여름 소문」)가 아닐까. 시인은 횡단보도의 희고 검은 줄무늬에서 아프리카의 얼룩말을 유추해 낸다. 하얀 래커의 금줄은 누군가의 생이 멈추는 순간. 그리고 한 사람의 생애는 한 송이 꽃이 피고 지는 것과 다르지 않다. 누군가 죽음의, 죽어가는 순간에도 신호등 시간은 멈추지 않고 뭇사람은 제 길을 오고 간다. 먼지 쌓인 거리의 몸은 이제 더 이상 이승의 몸이 아니다. 법당에 홀로 타는 촛불만이 생사의 경계를 알게 하고 벗어나게 한다. 죽음의 신 "하데스Hades는 결코 '보이지 않는aeides'에서 유래한 게 아니라, 모든 고귀한 것들을 '안다eidenai'는데 있다"(플라톤, 「클라튈로스」, 조르조 아감벤, 『말할 수 없는 소녀 - 코레의 신화와 신비』). 그의 죽음을 아는 촛불은 아름답다. 그의 죽음을 홀로 지키는 촛불은 더욱 아름답고 존귀하다. 피와 촛불, 그리고 꽃, 그것은 죽음이라는 생명, 타자의 이미지 현상이다. 다른 한편으로 「빈집 세우기」는 할머니와 집의 의미를 더욱 새삼스럽게 한다.

> 산 너머 처녀는 꽃가마 타고 그 집으로 왔다 햇수로 60 갑자다 돌담에 드러누워 새끼를 주렁주렁 단 엉덩이 펑퍼짐한 호박이다 사별하고도 수년을 혼자서 추녀 끝 빗방울 세고 있는 축담이다 할머니와 집은 개미에게 숭숭 뚫리고 있는 기둥 구멍, 왕래

가 편한 바람 집이다 그 집으로 검은 손님, 뇌졸증이 방문하던 날 중풍도 함께 왔다 할머니 119 구급차로 집을 나간 그 날 이후…….

열쇠 돌리는 소리에 집이 오랜만에 숨을 쉰다 마당에 잡초가 삼대로 번성하다 할머니 증손자의 호미질 정성이 바랭이 풀뿌리보다 꿋꿋하다 축담 위 나란히 놓인 할머니 털신에 거미가 목화꽃을 헛방으로 피워도 디딜방아 체취는 속이 여문 알곡이다 집의 신경을 누르고 있는 생쥐와 곰팡내를 훑쳐낸다 장독간 고요가 매운 목소리로 헛기침한다 호미 몸에 잡초를 뽑아낼 요량으로 집이 온몸으로 푸덕 푸덕거린다

—「빈집 세우기」 전문

할머니와 집에 대한 이 시는 읽으면 읽을수록 가슴속에 스며든다. 이애란의 시에는 예의 페이소스가 진하게 배어 있으며, 또 이런 정서에 민감하고 장기를 발휘한다. 할머니는 꽃가마 타고 바람벽한 집에 시집온 지 벌써 육십갑자다. 그러는 동안 사별하여 혼자 살며 또 몹쓸 병까지 얻었다. 중풍으로 119 구급차에 실려 나간 이후 집은 비어 있어 온기마저 사라졌다. 집이 숨을 쉰 것은 굳게 잠긴 문을 열고서다. 다시 말해 열쇠 돌리는 소리다. 소리로서 존재를 입증한 셈이다. 그 작은 소리 하나가 빈집을 다시 일으켜 세운 것이다. 비록 "마당에는 잡초가 삼대로 번성"했어도, "할머니 털

신에 거미가 목화꽃을 헛방으로 피워도" 할머니의 체취는 "속이 여문 알곡"처럼 여전히 살아 있다. "집의 신경을 누르고 있는 생쥐"라는 표현은 이 시의 전全 신경을 건드리고 있다. 고요와 소리의 대비는 이 시의 정서적 깊이와 밀도를 더한다. 잡초라도 뽑아낼 요량이면 "집이 온몸으로 푸덕거"리는 것이 이 시에서는 생쥐와 열쇠, 잡초와 털신 등 작고 이름 없는 사물들이 집을 곧추세우는 주인공이다. 빈집에는 한 사람의 생애가 주름처럼 접혀 있다. 주름을 다시 펼치면 부재는 존재의 장소로 환원된다. 비어 있음으로 충만한 집이다. 시를 짓는 일은 밥을 짓고 농사를 짓는 것처럼, 집을 짓는 일이다. 모두가 생명에 관여하는 일로서 참으로 거룩하고 숭고하지 않은가.

4.

죽음은 돌아가는 것이다. 「나 돌아가리라」의 어머니나 「아버지와 고등어」에 나오는 아버지는 기억과 혈육의 차원을 넘어 존재의 귀향歸鄕, 歸向이라는 의미망을 갖는다. "아버지는 … 귀선歸船"(「아버지와 고등어」), "내가 가야 하는 곳에 / 어머니 있어 마음 푸근하다"(「나 돌아가리라」) 등의 표현은 이를 잘 보여 준다. 골육에 대한 그녀의 정은 "바다 밑 산소처럼 목울대에 간절하다"(「이름모를 꽃들을 위하여」). 이 가운데 어머니에 대한 기억과 그리움을 절실하게 그린

「빗방울 두드린다」를 보기로 하자.

가을비 온다
도마 두드리다 생각에 칼날 스친다

빗방울 담쟁이 두드린다
입원한 노모의 살가죽처럼 쪼글쪼글 말라붙은 담쟁이덩굴
마지막 숨을 몰아쉬듯 비의 링거 맞고 잠깐 생기 모은다

빗방울 수수밭 두드린다
참새 무리 음표처럼 비상
하늘이 공명 친다
먹을 것 걱정 없는 수수밭
어찌 저리 붉은가

빗방울 갈대밭 두드린다
갈대밭 투명한 구슬에 유년 집 비친다
만화책 보는 언니 오빠들의 발 고스란히 모인 방
고구마 솥 김 모락모락 올리던 어머니,
그 어머니의 비가 내린다

강은 수많은 비를 끌어안고 흐른다
강바닥 고동은 모래알 머금을 때마다 어머니를 기억할 것이다
빗방울이 북채에 갇힌 소리를 두드린다 두드린다 두드려 깨

운다

—「빗방울 두드린다」 전문

생각의 칼날을 스치는 가을비가 오면 시인은 문득 어머니(의 비)를 떠올린다. 병중에 있는 노모의 초췌한 모습과 말라붙은 담쟁이덩굴이 클로즈업 된다. 링거액 같은 비는 생기로 잠시 작용하다가도, 기억과 상상은 어느새 붉은 수수밭을 향한다. 기쁨과 슬픔이 교차하는 비, 빗방울이 다시 갈대밭을 두드린다. 거기 유년의 집이 있다. 투명한 구슬 같은 비에 얼비친 가족들의 기억은 고구마를 삶는 어머니와 함께, "만화책 보는 언니 오빠들의 발 고스란히 모인 방"에 빗물처럼 고여 있다. 기억의 "강은 수많은 비를 끌어안고 흐른다." 북소리 같은 빗방울 소리가 시인의 잠든 기억을 순식간 일깨운다. 빗방울은 어느새 눈으로 바뀌기도 한다("고요한 적막이 / 어느 가난한 이의 창가에 / 소리 없이 날다가 / 문득 떠오르는 / 하늘 좇는 눈 // 항아리 밖 침묵하던 / 빗살무늬가 생을 빗금 칠 때 / 그것은 아니라고 / 그것만은 아니라고 / 눈발 휘갈기고 싶어지는 날이다", 「눈 내리는 어느 날」). 이렇게 보면, 앞의 시편들이 주로 〈길〉의 모티프를 지니고 있다면, 이 경우는 〈집〉의 이미지를 갖는다. 집은 다시 바다, 따뜻한 봄바람이다.

바다보다 먼저 하늘이 물꽃을 피운다

다도해 섬들 다정도 하다
날의 힘 사위 불때 맞춰 섬이 춤춘다

하얀 등대 새겨진 메달 하나 바다에 둥실 띄워 놓았다가
작은 섬 큰 섬 함께 엮은 몽돌 고리에 내 마음을 건다

목걸이 신물에 푹 빠져 신명을 바다에 풀어놓는다

세상만사 푸르듯 어느새 나도 푸른 물이 든 것 같아
가마우지 물고기로 오병이어 기적을 볼 수 있을 것 같아

하얀 등대 별빛과 교신한 내용을 들풀들이 해독하고
펜던트 상형문자 안내대로 우리는 빛을 따라가고 있다

—「소매물도」 전문 ①

햇살이 따스하다 저당 잡힌 바람이 봄을 고쳐 입고 나온다 스카프가 제비꽃 향기를 가볍게 날린다 보랏빛 신비가 눈썹에 매달려 민들레 꽃길 맴돌다 복사꽃 볼 비비며 배추흰나비 알을 낳는다 번데기 주름 껍질 벗고 나비의 재롱을 가슴으로 품으면 나도 봄으로 날아갈 수 있을까

—「봄바람」 전문 ②

이 두 편의 시는 시인이 궁극적으로 지향하는 언어와 세계다. ①에서 청정하고 아름다운 소매물도에 밤이 오고 달빛이 비치면 섬은 어느새 뮤즈로 변한다. “뮤즈는 … 춤과 음악의 알을 낳”(「여름 소문」)는다. 그리고 매물도는 둘이자 하나, 분리라는 통합(“작은 섬 큰 섬 함께 엮은 몽돌 고리”)이 묘하게 이루어진 신비의 장소이다. 이런 양상들은 다른 시구들에서도 찾아볼 수 있다.

> 하늘과 땅이 서로 어우러져 선善한 빛 올, 올 풀어내요(「노을」)
>
> 만남과 이별이 하나로 / 물안개 피어오른다(「늪은 정거장이다」)
>
> 세상 전부를 잃고서 악기 하나를 얻었으니(「엄마, 하모니카는 잘 불 수 있어요」)

등에서 보듯이, 부분과 전체의 유기적 통일이 서정시의 세계라면, 슬픔은 슬픔이 아니며 기쁨 또한 기쁨이 아니다. 하나를 얻는다는 것은 세상 전부를 잃어서야 가능한 무엇이다. 그것은 줄탁동시啐啄同時의 세계이자, 물안개와 같이 피지스physis라는 하나의 사건이다. 피어오름이다. “사물의 응시에 대한 인간의 대답이 말”(막스 피카르트, 앞의 책)이라면, “파도가 저물도록 하려던 말”(「채석강」)은 또 무엇인가. 바다는 신물神物이자, 신명神明이다. “신이 내린 문장이 신명을 풀어낸다"(「신명을 풀다」)면, 바다는 신화와 현실이 공존하는, 물이라는 빛과 대면하는 장소이다. 우리는 그 빛을 따라가고 있다. 가다 보면 별빛과 들풀이 교신하고 해독한 상형의 문자를 만나게 된다. 거기엔 보일 듯 보이지 않는 밤의 수평선이 있다. 그것은 "어둠이 빛을 향해 밀어올린 세상(으로서) …… 봄의 현"(「줄탁동시啐啄同時」)이다. 그런 점에서 ②는 따스한 햇살 아래 봄의 음악으로 날고자 하는 시인의 꿈이다. 모든 게 가벼운 봄에는 "스카프가 제비꽃 향기를 가볍게 날"리다 못해 신비마저도 눈썹에 매달려 있다. 민들레와 복사꽃, 꽃길을 맴돈다. 배추흰나비가 알을 낳는 생명의 봄은 우리의 희망이자 평화의 세계이다. 봄을 향유하기 위해선 무엇보다 온가슴으로 품어 안고, 구각舊殼에서 벗어나야 한다. 뿌리에서 날개에 이르는 시간과 거리가 봄이다. 이런 봄날이면 시인은 "구름 잔등에 올라앉아 손 흔들며"아직 못다 한 말과 마음마저 "훨, 훨, 훨 풀어 날리"(「나 돌아가리라」)고 싶고, 어머니라는 대지와 천상의 품으로 애써 돌아가고 싶을 것이다. 그리고 봄바람이 불면 "홀씨가 날아갈 돋을양지 쪽"(「사각지대」)으로 몸을 기댈 것이다.

5.

『빈집 세우기』는 이애란의 첫 시집이다. 그런 만큼 기대

반 두려움 반일 것이다. 무엇보다 그녀의 시가 갖는 장점은 얼마간의 내공이 있어 보인다는 점이다. 이는 더 이상의 학습 결과가 아니라, 깊이 있는 사유와 경험의 총체가 묻어나 있기 때문이다. 필자가 이번 시집에서 주목한 것도 작품의 완성도 보다는 시적 상상과 에너지를 비롯해 소재를 바라보고 해석하는 힘, 문학적인 태도와 지향점에 따른 내면의 존재 방식이다. 시가 질문[問]의 방식이자 어둠이라는 빛의 문門이며 마음의 무늬[紋]라면, 그녀의 시에는 얼마간의 나이가 느껴진다. 인간과 생에 대한 연민이라든가, 죽음 사유와 관련한 주제의 깊이, 그리고 언어의 섬세한 무늬와 결은 읽는 이의 시선을 오래 머물게 한다. 그녀의 시가 갖는 또 다른 의미는 비유적으로 말해 빈집을 세우는 일이다. 한 떨기 꽃잎이 피어나는 일이다. 이는 존재의 열림으로서 이음과 승화, 신명에 해당한다. 시의 아름다움과 깊이가 차원이 중첩되는 시간과 장소에 있다면, 이번 시집을 계기로 그녀는 다시 새로운 문학에 수반되는 절망과 희망을 경험하게 될 것이다.

이애란

1963년 경남 통영에서 태어나 계명대학교 독문학과를 졸업하고 사회복지학을 부전공하였다. 2010년『대구문학』신인문학상에「빈집 세우기」외 2편이 당선되어 등단하였다. 같은 해에 동서커피문학상에「위령가」로 동상을 수상하면서 작품 활동을 시작했다.

aeranwriter@hanmail.net

이애란 시집
빈집 세우기

초판 1쇄 발행 2019년 10월 30일

지은이 이애란
펴낸이 이은재

펴낸곳 도서출판 그루
출판등록 1983. 3. 26(제1-61호)
주소 06121 서울특별시 강남구 봉은사로 129, 1210호
42452 대구광역시 남구 큰골 3길 30
전화 02-358-1161, 053-253-7872
팩스 053-257-7884
전자우편 guroo@guroo.co.kr

ISBN 978-89-8069-403-7